Hardy Oelke

WESTERN

Faszination einer Reitweise

CADMOS

Copyright © 1995 by Cadmos Verlag
Lithografie: M&S, Rendsburg
Gestaltung: Arnd Bentlin
Satz: Lichtsatz Wandsbek, Hamburg
Druck: Rotolito Lombarda, Pioltello
Alle Rechte vorbehalten
Printed in EC

ISBN 3-86127-211-3

INHALT

Virus „Western"	6
Locker vom Hocker	8
Cowboys und „Klassiker"	12
Vaquero, Buckaroo und Cowboy	14
Die Reitweise	20
Western Horses – sanfte Athleten	24
It's Showtime	30
Diziplinen im Westernreitsport	33
Nützliche Adressen	48

VIRUS „WESTERN"

Westernreiten wirkt ansteckend wie ein akuter Virus. Schlimmer noch: Wer sich infiziert hat, ist kaum noch „heilbar".

Befallen werden Menschen jeden Alters und Geschlechts, jeder Hautfarbe, Herkunft oder Profession. Man muß nur bereit sein, Pferde schön zu finden und einfältig genug sein, um glauben zu können, daß „englisch" der Gegensatz von „western" ist, daß Stoppen und zehn Meter Rutschen keinen Gegensatz darstellen, und daß Spinnen auch etwas Gutes sein kann.

Ihren Ursprung hat die Epidemie im Westen Nordamerikas, wo Westernreiten jahrhundertelang betrieben und in seiner großen potentiellen Ansteckungsgefahr lange Zeit unterschätzt wurde. Dann breitete sich der Virus auch in andere Teile der Welt aus und traf in Europa – und da speziell in Deutschland – auf einen idealen Nährboden. Verschiedene Bevölkerungsgruppen sind für diesen Erreger besonders anfällig. Da gibt es jene, deren Widerstands-

Sieg der Meisterschaft – Moment des Triumphs und größten Glücksgefühls und Lohn geduldiger Arbeit mit dem Kameraden Pferd.

kraft durch jahrelanges Reiten nach Kommißart und auf unsensiblen, unkooperativen Pferden weitgehend erodiert wurde, die werden leicht verzaubert und staunen: So leicht kann Reiten sein?!

Dann gibt es Pferdeliebhaber, die schon immer in unkonventioneller Weise ein zwangloses Reiten in der Natur angestrebt haben. Sie finden hier eine Reitweise, deren Methode das Lässige, das Lockere ist, frei von unnötigen Zwängen und Vorschriften.

Andere sind von vornherein gefährdet, weil sie von klein auf in ihren Herzen Träume vom amerikanischen Cowboy, vom amerikanischen Westen, von Freiheit und Abenteuer bewegen. Westernreiten ist für sie ein Weg, diese Träume auszuleben.

Wieder andere erliegen ganz einfach dem Charme der Westernpferde und ihren erstaunlichen Fähigkeiten und kommen auf diese Weise zum Westernreiten.

Seien Sie auf der Hut! Wenn die eine oder andere der oben genannten Beschreibungen auf Sie zutrifft, besteht auch für Sie erhöhte Ansteckungsgefahr!

In einer Gruppe Gleichgesinnter können Ausritte zum besonderen Vergnügen werden, ob es nur für ein paar Stunden ist oder über mehrere Tage geht.

LOCKER VOM HOCKER

Warum ist so vieles beim Reiten, wie es in unserem Land herkömmlicherweise betrieben wird, so fürchterlich steif, so arg in Vorschriften gezwängt? Warum herrscht in den meisten Reitbahnen ein Ton wie auf dem Kasernenhof? Ganz einfach: Weil das in Deutschland traditionelle Reiten weitgehend vom Militär geprägt wurde, damals, als berittene Streitkräfte noch das Nonplusultra waren.

Viele der Vorschriften, Kommandos und Ausrüstungsteile stammen aus jenen Zeiten. Uniformität war vorgeschrieben, Steifheit und Exaktheit wurden zum Selbstzweck. Die Lenkbarkeit und Regulierbarkeit ganzer Abteilungen oder Heere stand im Vordergrund – nicht Harmonie und Anmut. Es fällt der deutschen Reiterei offensichtlich bis heute schwer, dieses militärische Erbe ganz abzulegen. Auch das besondere

Gerade noch voll in Aktion gewesen, schaltet dieser dreijährige Quarter Horse-Hengst sogleich wieder ab. Vertrauen gegen Vertrauen, das zeigt sich auch in der Haltung des Reiters.

(rechte Seite oben:) Der Hund gehört bei vielen Westernreitern dazu. Wenn er bei Ausritten mitgenommen wird, muß er wohlerzogen sein.

(rechte Seite unten:) Wie vielseitig Westernpferde eingesetzt werden können, zeigen diese beiden Paint Horses, die zugfest vor dem Wagen gehen.

Schwergewicht, das in der deutschen Reiterei dem Trab und dem Traben beigemessen wird, dürfte so ein militärisches Erbe sein, denn der Trab eignet sich für ein gleichmäßiges und möglichst exaktes Vorwärtsreiten von Abteilungen am besten.

Wenn Gleichförmigkeit in Gangart, Tempo und Haltung im Vordergrund stehen, dann müssen Einfühlsamkeit und sensible Hilfengebung zwangsläufig zu kurz kommen. Auch heute noch kann man in Reitschulen beobachten, daß es das vordringlichste Ziel zu sein scheint, Reiter und Pferde in eine bestimmte Form zu „pressen".

Dem Westernreiten fehlt dieses militärische Element. Es wurde immer von Individualisten betrieben. Es gibt keine Kleiderordnung, keine offizielle Reitlehre, keine Kommandos. Der Cowboy hat nur ein Bestreben, seinen Job mit dem geringstmöglichen Aufwand zu erledigen, sein Pferd so wenig wie möglich zu belästigen und seine Kräfte so weit wie möglich zu schonen. Ob er von links oder von rechts aufsitzt, ist für ihn unerheblich, ob sein Pferd beizäumt, ob es untertritt, ob es in derselben Gangart geht wie der Reiter neben ihm, daran verschwendet er keinen Gedanken. Ganz ähnlich fühlt der Westernreiter, der zum Vergnügen durch die Landschaft reitet.

Der Western-Turnierreiter will brillieren, will durch perfektes Absolvieren der

10 *Ein Schnappschuß, der viel aussagt: über die Gelassenheit der Pferde, weil dieses dreijährige Quarter Horse es duldet, daß der Hund zum Reiter in den Sattel sprang; über die lockere Auffassung und Einstellung des Reiters, der einer der besten Ausbilder der Welt ist.*

Aufgaben, durch möglichst unsichtbare Hilfengebung glänzen. Aber eine Anzugsordnung gibt es nur in rudimentärer Form, sie läßt ihm weiten Spielraum für seinen persönlichen Stil. Eine Vorschrift für Sitz und Hilfengebung gibt es nicht; sogar bei der Ausführung der Manöver hat er großen Freiraum für seine individuelle Ausdrucksmöglichkeit. Selbst im turniermäßigen Westernreiten gibt es unter den vielen Disziplinen nur eine, in der so etwas wie Kommandos gegeben werden: Beim *Western Pleasure* wird den Reitern angesagt, ob sie „*Walk*" (Schritt), „*Jog*" (langsamen Trab) oder „*Lope*" (langsamen Galopp) gehen sollen.

Typisch für die Westernreitweise ist der lockere bis durchhängende Zügel, die locker herabfallenden und ruhig hängenden Beine, der lockere und entspannte Sitz, die einhändige Zügelführung, die allein schon zu einem viel entspannteren Reiten führen kann. Voraussetzung dafür ist allerdings ein sehr gut ausgebildetes Pferd, denn auf einem widerstrebenden, nicht durchlässigen und ungehorsamen Pferd ist kein lockeres, entspanntes Reiten möglich. Wenn Sie Reitanfänger sind und auf einem gut ausgebildeten Westernpferd Ihre ersten Lektionen erleben, sieht das ganz einfach so aus: Sie drücken mit den Beinen, um das Pferd antreten zu lassen und lassen Ihre Beine danach wieder locker herabfallen. Ihre Zügel hängen leicht durch, und wenn Sie nach links wollen, nehmen Sie Ihre Zügelhand (die beide Zügel hält) nach links, und wenn Sie nach rechts wollen, nehmen Sie Ihre Hand nach rechts. Wenn Sie langsamer werden wollen, nehmen Sie die Zügel leicht an, wenn Sie anhalten wollen, sagen Sie dazu „*whoa*" (uoouu). Hört sich nicht besonders schwer an, oder? Ist es auch nicht. Zum erholsamen Spazierenreiten reicht das auch völlig aus – Sie bleiben entspannt, können die Natur genießen und brauchen sich nicht auf das Pferd zu konzentrieren.

Wenn Sie höher hinaus wollen, ist sehr viel mehr zu beachten, und auf der höchsten Leistungsebene erfordert Westernreiten keineswegs weniger reiterliches Können als in der herkömmlichen Dressur. Doch immer bleibt der Reiter locker und lässig, ist der Zügel locker oder hängt sogar durch, werden die Schenkel des Reiters nur in bestimmten Momenten aktiv. Gerade auf der höchsten Leistungsebene im Westernturniersport kann man nur gewinnen, wenn die Zügel deutlich locker sind, wenn die Reiterbeine unauffällig bleiben, wenn das Pferd einen entspannten, zufriedenen Eindruck macht.

Diese dreijährige Quarter Horse-Stute stoppt im Training am durchhängenden Zügel.

COWBOYS UND „KLASSIKER"

Zwei Cowboys im südlichen Westtexas beim Kontrollritt. In erster Linie wird dabei nach kranken Rindern Ausschau gehalten und geprüft, ob die Zäune und die Wasserstellen überall intakt sind.

Die wenigsten Cowboys haben eine sentimentale Bindung zu ihren Pferden. Die meisten sind auch nicht das, was wir einen guten Reiter nennen. Sie sind wohl sehr sattelfest, sattelfester als die meisten, die nicht jeden Tag von morgens bis abends im Sattel sitzen, aber das allein macht ja keinen guten Reiter aus.

Wenn es um unsichtbare, feinfühlige Hilfen geht, um Harmonie mit dem Pferd, dann sind das Dinge, mit denen sich der Cowboy gewöhnlich nicht beschäftigt. Er muß seine Arbeit erledigen und zwar so, daß die Rinder weitmöglichst geschont werden, daß sie nicht an Gewicht verlieren, daß sie nicht zu Schaden kommen oder gar umkommen. Die effektive und schonende Behandlung der Rinder steht für ihn (und seinen Boss) an oberster Stelle, die Schonung seines Pferdes kommt erst danach.

Um seine Arbeit effektiv tun zu können, muß der Cowboy von seinem Pferd immer wieder Reaktionen verlangen, bei denen es auf Sekundenbruchteile genau ankommt. Die Arbeit mit halbwilden Rindern in unübersichtlichem und meistens unwegsamem Gelände birgt tausend Gefahren, und das Leben des Cowboys und das seines Pferdes kann davon abhängen, daß das Pferd keinen Sekundenbruchteil zu spät reagiert. Er wird sich niemals fragen: Soll ich riskieren, daß mein Pferd wegen starken Zügelzugs das Maul aufmacht, oder soll ich ein gebrochenes Bein riskieren?

Wenn sich das nach einem ziemlich rohen Reitstil anhört, so trifft das auch auf die meisten Cowboys zu. Aber wie konnte aus solch derber Wurzel eine Reitweise entstehen, die heute für leichte Hilfengebung, sensiblen Umgang mit dem Pferd und feinste reiterliche Leistungen steht?

Das liegt zum großen Teil daran, daß die Arbeitsreiterei des Cowboys nur eine Teilwurzel ist, daß das Westernreiten viel weiter zurückgeht und seinen eigentlichen Ursprung in der spanischen Reiterei hat. Denn den Cowboy gibt es noch gar nicht so lange, aber lange vor ihm gab es im direkt von Spanien regierten und beeinflußten Mittel- und südwestlichen Nordamerika Rinderhirten. Vaqueros (spanisch für „Rinderhirte") wurden sie genannt; sie hüteten spanisches Vieh, ritten spanische Pferde, und mit den Rindern und Pferden war auch ihre Reitweise aus Spanien herübergekommen.

Die spanische Reitweise war weitgehend geprägt von der Arbeitsreiterei der Kampfstier-Rinderhirten in Spanien und der spanischen Kriegsreiterei. Sie war auch die Wurzel unserer europäischen Dressurreiterei. Es ist daher nicht korrekt, im Gegensatz zum Westernreiten vom europäischen Dressurreiten als vom „klassischen" Reiten zu sprechen. Der Duden definiert „klassisch" folgendermaßen:
Mustergültig; vorbildlich; die Klassik betreffend; typisch, bezeichnend, herkömmlich, traditionell.
Danach ist es unzulässig, Westernreiten als nicht-klassisch darzustellen, denn reiterliche Höchstleistungen wurden in ununterbrochener Folge im damaligen Spanien, von den spanischen Eroberern und den nachfolgenden spanischen Landbesitzern im südwestlichen Amerika sowie ihren Vaqueros erbracht. Nur wenn klassisch für die Begriffe „herkömmlich" und „traditionell" stehen soll, wäre es bezüglich der Reiterei sinngemäß richtig angewandt, denn in unserem Land ist das Westernreiten nun mal nicht herkömmlich und ohne Tradition. Es ist viel sinnvoller, von herkömmlicher oder traditioneller Reiterei zu sprechen, weil sich das wertfreier anhört.

Wenn dieser Rancher in Norddakota im Sattel seiner Arbeit nachgeht, merkt man ihm nicht an, daß er über siebzig Lenze zählt…

VAQUERO, BUCKAROO UND COWBOY

Vom Cowboy hat jeder schon einmal gehört, obwohl dieser Begriff in den Köpfen der meisten nur als unbestimmte Vorstellung existiert und häufig mit falschen Assoziationen befrachtet ist. So werden Westernfilme auch oft als Cowboyfilme bezeichnet, obwohl Cowboys darin am wenigsten vorkommen. Wie überhaupt der Westernfilm viel dazu beigetragen hat, daß der Cowboy in Amerika und weltweit heroisiert wurde und ein völlig falsches Bild von ihm entstand.

Cowboys waren keine schießwütigen Revolvermänner und sind es auch heute nicht. Meistens waren es noch nicht einmal besonders gute Schützen. Sie haben auch nicht permanent mit Indianern gekämpft, sondern sind mit denen, die die Armee noch übriggelassen hatte, meistens ganz gut ausgekommen. Cowboys waren und sind ganz einfach nur Rinderhirten, nicht selten waren und sind sie Hilfsarbeiter im Sattel. Lange bevor es Cowboys gab und das Wort „Cowboy" überhaupt in Umlauf

Die Mission San Miguel in Kalifornien – hier kann das mittelalterliche Spanien und der Ursprung des Vaqueros noch heute nacherlebt werden.

kam, gab es, wie erwähnt, berittene Rinderhirten in Mittelamerika und den Staaten der heutigen USA, die entlang der Grenze zu Mexiko liegen, vor allem Texas und Kalifornien. Sie wurden, wie schon in Spanien, „Vaqueros" genannt, ein Begriff, der auch in der ersten Hälfte des vorigen Jahrhunderts noch in Texas und bis zu Beginn den 20. Jahrhunderts auch noch in Kalifornien gebräuchlich war.
Besonders unter den Vaqueros in Kalifornien wurde das spanische Erbe der Reitkunst gepflegt und zu neuer Blüte gebracht. Ihre Methoden in der Ausbildung, ihre Ausrüstung, ihre Zielsetzungen – all das war eindeutig spanisch geprägt. Dazu sprachen sie spanisch, waren selbst spanischer oder spanisch/indianischer Abstammung, und sie ritten spanische Pferde. Sie *lebten* spanisch.
Die noch heute existierenden spanischen Missionen vor allem in Kalifor-

Der Cowboy von heute repräsentiert eine eigene, in Nordamerika entstandene Kultur – hier beim Aussortieren von Rindern in Norddakota.

Ein Quarter Horse-Hengst, auf kalifornische Hackamore gezäumt.

nien, in denen heute oft Museen mit Möbeln, Geräten usw. aus der damaligen Zeit untergebracht sind, sind wunderbare Zeugen jener Epoche. Ein Besuch verschafft faszinierende Einblicke in die Welt der Padres, Haciendados, Dons, Amansadores und Vaqueros. Im Gegensatz zum Cowboy war der Vaquero ein Künstler im Sattel, enorm stolz auf seine reiterlichen Fähigkeiten, seine Pferde und nicht zuletzt auf seine Ausrüstungsgegenstände, die kunstvoll hergestellt und ornamental verziert und meistens mit Silber geschmückt waren. Er investierte viel Zeit in die Ausbildung seiner Pferde und entwickelte z.T. neue Ausrüstungsgegenstände. So ist die Hackamore (Jaquima) eine aus Rohhaut geflochtene Trainingszäumung, die vom kalifornischen Vaquero „erfunden" wurde und mit der er „Wunder" vollbringen konnte. Die dazu gehörenden Zügel – aus Pferdehaar gedreht – sind ebenso wie die aus Rohhaut geflochtenen Zügel für Gebißzäumungen kunsthandwerkliche Meisterleistungen. Im Vergleich dazu, hatte der Cowboy nur zwei schlichte Lederriemen als Zügel.
Dem Cowboy fehlte der Hintergrund für all das, er war im Grunde nur ein Hilfs-

Hackamore und Spade Bit, Werkzeuge des Vaqueros, sind unmittelbar spanischen Ursprungs.

Hochschäftige Stiefel, in denen die Jeans stecken, gehören zum Outfit des Buckaroos.

arbeiter. Aber jeder, der tagtäglich mit Pferden umgeht, weiß begnadete Reiter und perfekt ausgebildete Pferde zu würdigen, wenn er solche sieht. So ging es auch den Cowboys, wenn sie nach langen Viehtrieben hier und da mit Vaqueros von der Westküste zusammentrafen. Erst später, nach der Blütezeit des Cowboys (ca. 1860–1880), griffen Reitstil und Finesse vom Westen aus auch auf andere Teile des amerikanischen Westens, auf das „Cowboy Country" über. Bald danach begannen die ersten primitiven Ansätze der Western Horse Shows, aus denen sich noch später das turniermäßige Westernreiten entwickelte.

Heute kann man nicht mehr sagen, daß das Westernreiten in Kalifornien einen höheren Stand habe, als sonst in Amerika. Der Westernreitsport ist überall in den USA und Kanada vertreten, auch mit Spitzenkönnern, und es findet ein reger Austausch statt. Es ist für Amerikaner nichts Ungewöhnliches, tausend und mehr Meilen zu einem Turnier zu fahren. Die Reiterei der Cowboys ist eine Wurzel, aber nicht die Wurzel des Westernreitens, wie wir es heute kennen. Die tiefergehende, die Hauptwurzel sozusagen, ist die Reitkultur der Vaqueros und reicht zurück bis zu ihren Anfängen im spanischen Mutterland.

Die Bezeichnung „Buckaroo" ist, nebenbei gesagt, nur eine amerikanische Verballhornung von „Vaquero". Heutzutage ist es allerdings so, daß sich die Cowboys in den amerikanischen Bundesstaaten Oregon, Washington, Idaho und Nevada meistens als Buckaroos verstehen, und man von der Region darum auch als vom „Buckaroo Country" spricht.

Die Disziplin »Reined Cow Horse« oder „Working Cowhorse" ist direkt der Arbeit der Vaqueros entlehnt.

DIE REITWEISE

Überall gibt es gute und schlechte Reiter und gut ausgebildete und schlecht ausgebildete Pferde. Wenn man die Westernreitweise mit der bei uns herkömmlichen vergleicht, sollte das nicht geschehen, um eine Wertung vorzunehmen. Sondern wir wollen untersuchen, wo es Unterschiede gibt, und ansonsten muß jeder für sich entscheiden, welche Reitweise er für sich am attraktivsten findet.

Galoppzirkel in hohem Tempo am durchhängenden Zügel – Bill Horn zeigt, wie's gemacht wird.

Die Westernreitweise basiert darauf, daß Vaquero oder Cowboy nicht die Pferde arbeiten wollten, sondern zu Pferde einer anderen Tätigkeit nachgehen mußten. Ihre Pferde mußten so funktionieren, daß sie ihre Aufmerksamkeit anderen Dingen zuwenden konnten. Sie benutzten Pferde, die Pferde zu reiten war kein Selbstzweck. Außerdem mußten sie immer wenigstens eine Hand frei haben, um ggf. damit ihre Arbeit zu verrichten, das Rope zu werfen, ein Tor zu öffnen, tiefhängende Zweige abzuwehren, eine Waffe zu halten etc. Daher die einhändige Zügelführung. Wesentliche Elemente der Westernreitweise finden sich selbst beim schlicht ausgebildeten Cowboypferd, obwohl der Cowboy meistens kein ausgefeilter Reiter ist. Aber wenn er auch einmal deutlich hinlangen mag, so hängt sein Zügel anschließend gleich wieder durch, hängt sein Bein anschließend wieder passiv herab. Er belästigt sein Pferd nicht permanent mit irgendwelchen Hilfen oder Befehlen.
Die einhändige Zügelführung, auffälligstes Merkmal der Westernreiterei, ist für ihn Gebot, weil er immer eine Hand frei halten möchte. Weil er nicht darauf achten kann, stets leichte Verbindung oder Anlehnung zum Pferdemaul zu halten, läßt er die Zügel im Normalfall lieber durchhängen und nimmt sie nur dann an, wenn er das Pferd verlangsamen oder anhalten will.

Die einhändige Zügelführung nennt man Neck Reining (Lenkung über den Hals). Das Pferd weicht dem äußeren Zügel, wenn dieser seinen Hals berührt. Für einen Cowboy reicht das so, für einen Wanderreiter auch. Doch merken Sie sich: Wenn Sie auf Shows (der Westernreiter nennt seine Turniere *Shows* oder *Horse Shows*) etwas gewinnen wollen, reicht das nicht! Selbstverständlich kommt es bei einem Turnier nicht nur darauf an, daß ein Pferd gelenkt und kontrolliert werden kann, daß es bestimmte Manöver und Aufgaben absolviert, sondern auf die Art und Weise, wie es diese ausführt!

Ein Wanderritt auf einem Appaloosa-Wallach durch die Wälder Kanadas.

Western-Reitturniere ziehen beachtliche Zuschauermengen an und haben meistens eine Volksfest-Atmosphäre.

Ein Pferd, das lediglich dem äußeren Zügel weicht und so gelenkt wird, ist in der Regel nicht korrekt gestellt. Es stellt sich mehr oder weniger im Hals oder in der gesamten Längsachse nach außen. Auch das Westernpferd soll leicht in die Bewegungsrichtung gestellt sein, ob es nun einen Galoppzirkel läuft oder eine Wendung ausführt. Um das einhändig und mit durchhängenden Zügeln zu erreichen, dazu gehört schon wesentlich mehr. Es wird in geduldiger Ausbildung und durch das Zusammenspiel von Gewichts-, Schenkel- und Zügelhilfen erreicht.

Wenn ein Pferd auf das Annehmen der Zügel und das stimmliche Kommando „whoa" hin durchpariert, ist das für den Spazier-Westernreiter ausreichend. Es wird aber nicht gerade formvollendet aussehen.

Ein Durchparieren, wie es beim Westernreiten in höchster Perfektion in der Turnierdisziplin Reining verlangt wird, sieht so aus, daß das Pferd aus vollem Galopp stoppt. Der Reiter nimmt bei einem solchen Sliding Stop die Zügel nur leicht an, das Pferd gibt im Genick nach, macht den Rücken rund, kippt in der Lende ab, steckt die Hinterbeine unter sich und rutscht auf ihnen, bis es zum Halt kommt. Dabei bleiben die Vorderbeine locker und laufen weiter, bis das Pferd steht. Das Maul des Pferdes bleibt geschlossen (ein Sperrhalfter, das ein Öffnen des Maules verhindern würde, ist bei Westernturnieren verboten). Ein geschlossenes Pferdemaul zeigt, daß mit den Zügeln kein oder jedenfalls kein starker Zug im Pferdemaul ausgeübt wurde. Das Pferd stoppt völlig gerade, belastet beide Hinterbeine gleichmäßig und bleibt insgesamt absolut gelassen. Der Reiter sitzt dabei still, und weder sein Oberkörper, noch seine Beine und schon gar nicht seine Zügelhand zeigen irgendeine auffällige Bewegung. Einen Stop so auszuführen, ist sehr, sehr schwierig und erfordert höchsten Ausbildungsstand!

Beschauliche Ritte durch die Natur – für viele Westernreiter die beste Entspannung und Erholung.

SANFTE ATHLETEN – WESTERN HORSES

Western Horses, Westernpferde – was sind das für Pferde? Es sind Pferde, deren Evolution Hand in Hand mit der der Westernreiterei ging, die für die Anforderungen der Menschen im amerikanischen Westen, besonders der Cowboys, gezüchtet wurden. In dem Maße, wie der Westernreitsport in Nordamerika populär wurde und sich zum Wirtschaftsfaktor entwickelte, richtete sich die Zucht dieser Pferde auch auf diesen Markt aus.

Was eine Western Horse-Rasse ist, läßt sich klar bestimmen. Die Westernpferderassen sind im amerikanischen Westen entstanden, wurden von den Ranchern, Vaqueros und Cowboys geritten, gezüchtet und getestet. Sie verkörpern darum nicht von ungefähr einen ganz bestimmten Typ Pferd und haben ihre Zuchtverbände ebenfalls im Westen Amerikas. Es gibt eine Reihe anderer nordamerikanischer Pferderassen, die aber aus verschiedenen Gründen nicht als Westernpferderassen angesprochen werden können, wie z. B. Morgan, Tennessee Walker, Saddlebred, Missouri Foxtrotter. Diese Rassen haben eine besondere Geschichte und zeichnen sich durch andere Eigenschaften aus.

Kann man Westernreiten auch auf anderen Pferden ausüben? Eine Frage, die immer wieder gestellt wird, und die jene Westernreiter, die auf andersrassigen Pferden reiten, immer wieder neu bestätigt haben wollen.

Im Einzelfall kann ein Pferd anderer Rasse oder Herkunft ein gutes western gerittenes Pferd werden. Fest steht, daß die Western Horses, allgemein gesprochen, für das Westernreiten am besten geeignet sind. Schließlich sind sie lange genug auf diese Fähigkeiten hin gezüchtet worden.

Die Westernrassen entwickelten sich – vereinfacht dargestellt – aus den spanischen Pferden, die es verwildert überall im Westen, von Mexiko bis Kanada,

Paint Horse-Hengst

gab, und aus Pferden nordeuropäischer Herkunft, die mit der fortschreitenden Besiedelung des Kontinents von Osten her Einfluß gewannen. Es waren in erster Linie die Vorläufer des Englischen Vollbluts und später, nach Gründung des Vollblut-Registers, direkt Englische Vollblüter.

Zwei deutsche Appaloosa-Reiter und -Züchter.

(rechts oben:)
Auch bei Eis und Schnee macht der Ausritt mit geländefesten Western Horses Spaß.

(rechts unten:)
Junger, typvoller Quarter Horse-Hengst.

Quarter Horse-Stute mit besonders hübschem Paint Horse-Fohlen.

Das Western Horse schlechthin wird verkörpert durch die Rasse „Quarter Horse". Eigentlich gibt es nur eine Westernpferderasse, und das ist das Quarter Horse. Das Paint Horse ist nichts anderes als ein gescheckter Quarter Horse – es ist in Herkunft, Abstammung und Eigenschaften identisch, der einzige Unterschied ist die Fellzeichnung. Es gibt zwei Zuchtverbände: die American Quarter Horse Association (AQHA), die nur einfarbige Quarter Horses einträgt, und die American Paint Horse Association (APHA), die in erster Linie gescheckte Quarter Horses, aber auch einfarbige, einträgt. Die AQHA ist mit weit über drei Millionen Eintragungen der größte Zuchtverband der Welt.

Die dritte Western Horse-*Zucht* ist das Appaloosa Horse, das sich auch in erster Linie durch die Fellzeichnung (Tigerscheckung) unterscheidet. Es führt zwar auch Blut anderer Pferderassen, kann aber nur da als echtes Western Horse angesprochen werden, weil es hauptsächlich Quarter Horse-Blut hat. Ein Araber zum Beispiel mit Tigerscheckung oder ein Traber mit Tigerscheckung sind keine wirklichen Appaloosas und keine Western Horses. Es ist kein Zufall, daß die Western Horses auch bei uns als ideale Freizeitpferde beliebt und bekannt wurden. Denn Ritte durch die Natur machen einen Großteil der Arbeit des Cowboys aus, Ritte, auf denen nach den Rindern gesehen wird und nach den Zäunen. Wer das tagtäglich macht, der bevorzugt Pferde, die nicht ungebärdig sind, die nicht jeden Ritt zum Kampf werden lassen, die ausdauernd und trittsicher sind, die nicht leicht scheuen und deren Gänge bequem zu sitzen sind.

Kraft, Intelligenz, Vertrauen sowie Ruhe und Gelassenheit sprechen aus dem Gesicht des Paint Horse-Hengstes.

Andererseits erfordern gewisse Arbeiten des Cowboys ein ungemein athletisches, kraftvolles und schnelles Pferd, wie das Aussondern (Cutting) oder das Einfangen mit dem Wurfseil (Roping). Da kann man ein faules oder unbeholfenes Pferd nicht gebrauchen, sondern nur eins, das schnell genug ist, um ein Rind einzuholen, eins, das auf einem Handteller stoppen und wenden kann und das einen tausend Pfund schweren, wütenden Stier am Ende des Ropes halten kann.

Typisch für Western Horses, wenn auch nicht bei allen gleich stark ausgeprägt, ist der sogenannte Cow Sense, womit ein besonderes Talent und eine besondere Neigung und Eignung zur Rinderarbeit gemeint ist. Dieser Cow Sense ist angeboren, und man findet ihn bei keiner anderen Rasse der Welt so ausgeprägt.
Aber bei aller Leistungsfähigkeit und Leistungsbereitschaft sind Westernpferde sanft, ruhig, freundlich und unkompliziert im Umgang.

Ruhe und Nervenstärke demonstrierte dieser Paint Horse-Hengst, der sich eine halbe Stunde nicht vom Fleck rührte, während Reining Trainer Bob Loomis auf der Equitana erklärte, welche Kriterien er beim Sattelzug, beim Zaumzeug und bei den Beinschützern anlegt.

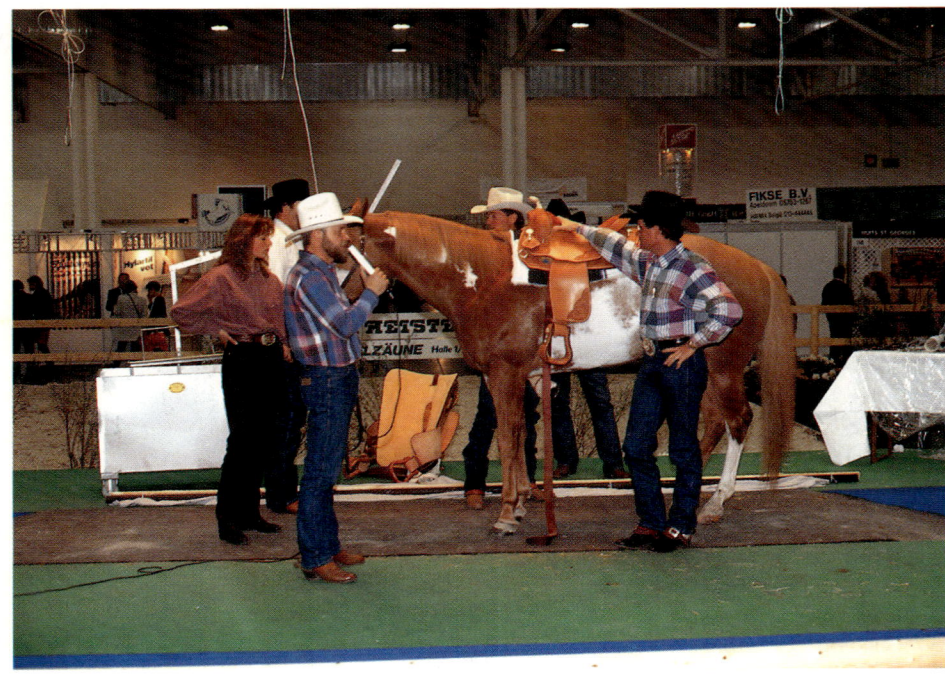

Das gute Western Horse zeichnet sich dadurch aus, daß es „sich gut trägt". Es ist kompakt gebaut, hat seine Beine meistens gut unter sich und muß nicht durch reiterliche Einwirkung versammelt werden. Nicht, daß man ein Westernpferd nicht auch versammeln kann, und in manchen Situationen geschieht das auch. Aber bei einem durchschnittlichen Warmblutpferd zum Beispiel ist schon ein gewisser reiterlicher Aufwand nötig, um es überhaupt so weit zu versammeln, daß es sich so trägt, wie es das Westernpferd von Natur aus macht.

Weil das Westernpferd so kompakt ist und sich gut trägt, kann es überwiegend am losen Zügel geritten werden und „fällt nicht auseinander", so daß es nicht ausbalanciert wäre und nicht prompt auf reiterliche Hilfen reagieren könnte.

Western Horses können problemlos gehalten werden. In Amerika haben sie auf vielen Ranches nicht einmal einen Stall und müssen sich von dem ernähren, was sie draußen finden. Sie sind also genügsam. Man kann sie ganzjährig draußen halten, solange sie einen Weideunterstand haben, wo sie bei schlechtem Wetter Schutz finden. Klirrende Kälte macht ihnen nichts aus, aber bei Regen und Wind sollten sie sich unterstellen können.

Nur wer Umgang mit einem guten Western Horse hatte und im Sattel seine weichen Gänge, seine Kraft, seine Rittigkeit und Sensibilität erfahren hat, kann verstehen, warum diese Pferde einen Siegeszug um die Welt angetreten haben und auch in Mittel- und Nordeuropa, wo normalerweise keine Rinder zu Pferd gearbeitet werden, so populär geworden sind.

Palomino Quarter Horse-Stute. Der Goldton, gepaart mit weißem Langhaar, ist für viele die Lieblingsfarbe.

IT'S SHOWTIME

Auf der Western Horse Show geht es bunt her. Westernreiter sind ein farbenfrohes Völkchen. Das Outfit zeigt nicht selten starke oder gar leuchtende Farben, meistens gut aufeinander abgestimmt. Der Phantasie sind keine Grenzen gesetzt, und auch Sättel und Zaumzeuge sind oft aufwendig mit Silber, Blumen- und Korbmustern, verschiedenfarbigem Leder usw. verziert.

Auch auf Turnieren sind Kleidung und Ausrüstung denkbar simpel geregelt: Westernsattel und Standard-Gebiß; Cowboyhut und -stiefel sind vorgeschrieben, außerdem wird nur noch verlangt, daß Hemd oder Bluse lange Ärmel haben oder daß man eine Jacke trägt. Innerhalb dieser einfachen Vorgaben kann man seine Kleidung beliebig zusammenstellen. Halstuch, Chaps, Handschuhe sind erlaubt, aber kein Muß.

Bei Prüfungen herrscht in der Regel keine feierliche Stille, sondern vielfach werden die Reiter durch Rufe, Pfiffe und Klatschen angefeuert oder gelobt.

Eine Cutting-Prüfung auf der „Americana", dem bedeutendsten Westernturnier Europas, zugleich Europameisterschaft und Western-Freizeitmesse. Die Zuschauerplätze sind zum Bersten gefüllt…

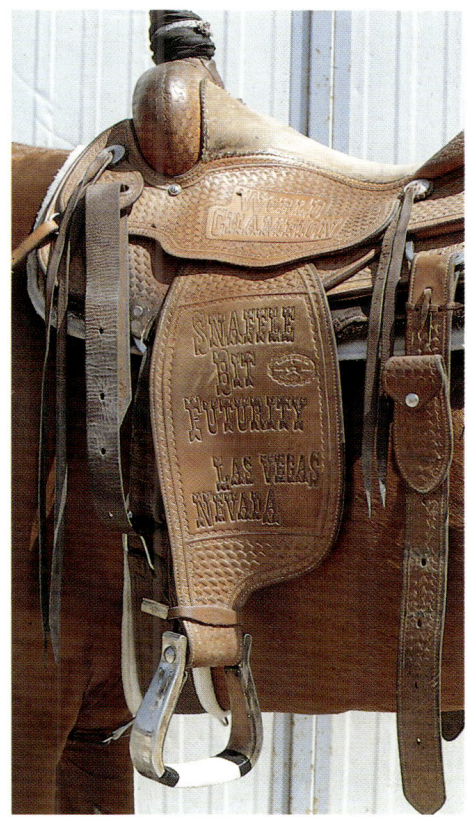

Einen solchen Trophy-Sattel gibt es bei manchen Turnieren zu gewinnen.

(rechts oben:)
Am Rande des Turniergeschehens: Kleine schöpferische Pause im Pferdeanhänger.

(rechts unten:)
Westernreiter sind „Zigeuner von heute" – sie fahren weite Strecken zu den Turnieren oder „Shows", wo sie vielfach campieren.

32 *Es sind nicht Pokale und Schleifen allein, die dem siegreichen Western-Turnierreiter winken. Oft gibt es kunstvoll gearbeitete Gürtelschnallen, sogenannte Trophy Buckles, manchmal auch Trophy-Sättel, außerdem u. U. „Points", Leistungspunkte, die vom amerikanischen Hauptverband verliehen werden und nicht selten auch erhebliche Geldpreise.*

(rechts außen:) Western-Turnierreiter haben jede Freiheit beim Zusammenstellen ihres „Outfits", wovon besonders die Damen gern Gebrauch machen und sich farbkoordinierte Kreationen einfallen lassen.

Meistens läuft Country Music im Hintergrund. Das macht den Pferden nichts aus. Bei der Westernausbildung gilt nicht das Prinzip, alles Erschreckende oder Laute oder Unruhige von den Pferden fernzuhalten, sondern sie allem bewußt auszusetzen, bis sie sich nicht mehr daran stören und sich nur auf den Reiter konzentrieren.

Außerhalb des Reitgeschehens findet meistens ein Lagerleben statt, mit Zelten, Wohnwagen, mit Elektrolitze abgesteckten Paddocks usw. Oft gibt es auch ein Festzelt, in dem man zusammensitzen, plaudern und essen und trinken kann und wo es vielfach auch Musik gibt und das Tanzbein geschwungen wird.

Westernreitturniere ziehen nach wie vor große Zuschauerzahlen an. Das liegt sicher daran, daß diese Reitart und diese Pferde noch etwas Besonderes sind, aber sicher auch an der Unterschiedlichkeit der Disziplinen – da ist für jeden etwas dabei – und daran, daß Disziplinen wie Reining, Working Cowhorse und Cutting Spektakuläres bieten.

DISZIPLINEN IM WESTERNREITSPORT

Es ist schon erstaunlich, in welch unterschiedlichen und teilweise direkt gegensätzlichen Disziplinen diese Pferde brillieren können, abgesehen davon, daß sie über kurze Strecken – die Viertelmeile ist die klassische Distanz für sie – die schnellsten Pferde überhaupt sind. Das Quarter Horse hat seinen Namen von diesen Viertelmeilenrennen, aus „Quarter of a Mile Running Horse" wurde nach und nach „Quarter Running Horse" und schließlich einfach „Quarter Horse".

Typische Disziplinen, wie man sie auf den meisten Westernturnieren antrifft, sind nachstehend beschrieben. Urteilen Sie selbst, wie vielseitig Westernpferde sind:

Western Pleasure

Dies ist die typische Einsteiger-Disziplin. Wer noch nie an einer Show teilgenommen hat, traut sich am ehesten zu, hier mitzumachen: Schritt, Trab und Galopp rechts – und linksherum – das kann ich auch! Außerdem zum Schluß ein paar Schritte rückwärts, das war's schon. Gewonnen habe ich nicht, aber dabei war ich!

Weil beim Western Pleasure alle Teilnehmer zusammen im Ring sind, ist die Hemmschwelle nicht so groß. Das ist auch der Grund, warum hier Kommandos gegeben werden: Walk, Jog, Lope, Reverse, Line up, eventuell Back up, obwohl das Back up gewöhnlich aus dem Line up erfolgt, wo die Teilnehmer sich in einer Reihe aufgestellt haben und der Richter zu jedem einzelnen hingeht, der ihm dann ein paar Schritte rückwärts vorführt.

Schritt, Trab, Galopp und Rückwärts, das hört sich nicht schwer an, und ein Neuling ist in der Tat schnell soweit, daß er mitreiten kann. Um aber zu gewinnen oder gut plaziert zu sein, muß man in einer halbwegs starken Western Pleasure-Konkurrenz doch viel können.

*(rechte Seite oben:)
Keiner war so erfolgreich im Barrel Racing wie sie: Martha Josey. Sie unterhält in Osttexas eine Schule für Barrel Racer.*

*(rechte Seite unten:)
Barrel Racing ist ein rasantes Rennen um drei Tonnen herum. Speed und Manövrierfähigkeit der Western Horses kommen hier voll zum Einsatz!*

Bewertet wird zunächst die Qualität der Gänge des Pferdes. Es soll langsam und gesetzt gehen, es soll den Reiter nicht werfen. Pleasure bedeutet Vergnügen, und wie kann ein Pferd Vergnügen bereiten, das dem Reiter bei jedem Schritt oder Sprung einen Stoß versetzt, das also unbequem zu sitzen ist? Bequeme Gänge sind einem Pferd weitgehend angeboren, aber sie können unterentwickelt oder durch das Training ausgefeilt sein. Ein ungenügend ausgebildetes Pferd, mit von Natur aus weichen Gängen, wird dem Richter ein weniger überzeugendes Bild liefern als eins, das von Natur aus nicht ganz so weich geht, aber gut ausgebildet wurde, sich gut trägt und vorbildlich diszipliniert gesetzt geht; ein Schritt oder Sprung so lang wie der andere, kein Hastigwerden, kein Aus-der-Gangart-Fallen, der Kopf nicht zu hoch und nicht zu tief und immer in derselben Position. Und alles am durchhängenden Zügel, die Zügelhand immer gleich gehalten!
Die Pferde allerdings, die weiche Gänge haben *und* gut ausgebildet sind, das sind die wahren Pleasure Champions!
Die Übergänge werden ebenfalls bewertet. Wenn also eine andere Gangart angesagt wird, dann kommt es darauf an, daß das Pferd willig und geschmeidig in die andere Gangart geht. Da darf nichts Abruptes zu sehen sein und keine Hilfen des Reiters. Wer nicht auf die Pferdebeine, sondern nur auf den Reiter oder den Rücken des Pferdes achtet, der darf gar nicht merken, daß das Pferd z. B. vom Schritt in den Trab gegangen ist. Wenn „Lope" angesagt wurde, dann macht das gute Pleasure-Pferd nicht erst ein paar Trabschritte, sondern springt auf eine unsichtbare Hilfe hin willig in einen langsamen, gesetzten Arbeitsgalopp auf der korrekten Hand, ohne seine Kopfposition zu verändern, ohne mit dem Schweif zu schlagen.
Auch das Durchparieren in eine niedrigere Gangart muß so weich und unauffällig wie möglich erfolgen. Ein Top-Pferd bleibt in seiner Haltung immer gleich, zeigt nie Unwilligkeit, geht völlig gleichmäßig. Kommt das Kommando „Reverse", wird von der Bande oder der Einzäunung weg eine Wendung geritten, wobei die Größe des Kreises beliebig ist. Auch dabei will der Richter keine Einwirkung des Reiters, kein Beschleunigen oder Langsamerwerden des Pferdes oder eine sonstige Veränderung beim Pferd sehen.
Jede Gangartunterbrechung, jedes Angaloppieren im falschen Galopp, jedes Kopfschlagen, jede deutliche Zügeleinwirkung stellt einen so groben Fehler dar, daß bei einer einigermaßen starken Konkurrenz keine gute Plazierung mehr möglich ist.
Genau so beim Back up, dem Rückwärtsrichten. Wenn das Auge des Rich-

ters auf einen Reiter fällt, dann soll sich das Pferd, wie von einer unsichtbaren Hand gezogen, nach rückwärts in Bewegung setzen. Da darf die Pferdenase nicht hochgehen, der Zügel sich möglichst nicht straffen, der Schweif nicht schlagen, und das Back up soll schnurgerade sein.
Hört sich nicht mehr ganz so leicht an, oder?

Barrel Racing

Hier wird ein Rennen gelaufen, auf vorgeschriebenem Kurs um drei Fässer oder Tonnen herum. Es geht allein auf Zeit, der Schnellste gewinnt! Ein Pferd muß nicht nur schnell sein, um im Barrel Racing zu gewinnen, es muß auch wendig sein und sich gut kontrollieren lassen. Das Umwerfen einer Tonne kostet fünf Strafsekunden!

Pole Bending

Auch das Pole Bending ist ein reines Rennen auf Zeit. An sechs Poles oder Stangen muß vorbeigaloppiert werden, die letzte wird umrundet, und dann geht es im Slalom durch die Stangen hindurch, um die letzte Stange herum, wieder im Slalom durch die Stangen und, nachdem die letzte Stange umrundet wurde, im Endspurt geradeaus zur Ziellinie! Daß man hierfür ein athletisches, wendiges und schnelles Pferd braucht, liegt auf der Hand.

Ein vorbildlicher Sliding Stop, bei dem das Pferd aus vollem Galopp auf der Hinterhand stoppt.

Western Riding

Diese Dressurklasse erfordert ein sehr rittiges und gut ausgebildetes Pferd, denn sie wird dominiert von neun fliegenden Galoppwechseln in Folge, die punktgenau kommen müssen. Wie auch bei der Western Pleasure werden die Gleichmäßigkeit der Bewegungen, die Willigkeit des Pferdes, die unsichtbaren Hilfen des Reiters bewertet. Wirklich gute Western Riding-Pferde gehen gesetzt und absolut gleichmäßig und wechseln geschmeidig, ohne ihren Galopprhythmus oder -takt zu verändern; ihre Nase bleibt unten, das Maul bleibt zu, der Schweif bleibt ruhig. Zum Schluß geht es auf eine Gerade, das Pferd muß durchparieren und rückwärtsrichten. All das am losen Zügel und ohne deutliche Einwirkung des Reiters.

Reining

Dies ist die reiterlich anspruchsvollste Dressur-Disziplin innerhalb des Westernreitens. Sie vereinigt die gesetzte Harmonie der Pleasure oder Western Riding mit rasanten, ja spektakulären Elementen. Die Verquickung von Speed und langsamen Übungsteilen stellt in ihrer Kombination einen besonderen Schwierigkeitsgrad dar.
Eine Reining besteht aus verschiedenen Manövern oder Übungsteilen, die in unterschiedlicher Reihenfolge zu Aufgaben, „Pattern" genannt, zusammengestellt werden. Diese Patterns liegen fest und müssen auswendig geritten werden. Sie enthalten in jedem Fall Spins rechts- und linksherum, große schnelle und langsame kleine Galoppzirkel rechts- und linksherum, die durch wenigstens zwei fliegende Galoppwech-

sel miteinander verbunden werden, mehrere Run downs und Sliding Stops (Stops, bei denen das Pferd auf der Hinterhand zum Halt gleitet), je einen Rollback nach links und nach rechts und ein Back up von wenigstens drei Metern Länge.

Dazwischen sind sogenannte „Hesitates" vorgeschrieben, wo der Reiter verharren muß; sein Pferd soll da still stehenbleiben und demonstrieren, daß es unter Kontrolle ist.

Außerdem ist es wichtig, daß am Rand der Reitbahn Markierungen sind, die beachtet werden müssen. Es kann z. B. vorgeschrieben sein, daß die Stops hinter dem Mittelmarker ausgeführt werden müssen oder hinter dem Endmarker. Wird das nicht beachtet, gibt es empfindliche Strafpunkte.

Stellen Sie sich vor, daß Sie Ihr Pferd im Galopp durch die Länge der Bahn galoppieren lassen, von der Mitte der kurzen Seite auf die Mitte der gegenüberliegenden Seite zu, um dann hinter dem Endmarker aus vollem Galopp zu stoppen und einen Rollback nach links auszuführen (eine 180-Grad-Wendung auf der Hinterhand). Das Pferd muß gerade, frei und willig durchlaufen und darf nicht von sich aus einen Stop vorwegnehmen wollen. Beim Stoppen auf der Hinterhand aus vollem Galopp muß es gute Form bewahren, die Nase unten, das Maul zu lassen, in der Vorhand locker bleiben und bis zum Stand weiterlaufen; der Stop muß gerade sein und parallel zur Bande. Beim Rollback muß es ebenfalls gute Form bewahren, auf der Hinterhand herumspringen und im Galopp auf der Spur herauskommen, die es beim Stoppen in den Sand gezogen hat. Macht es Trabschritte und fällt erst dann in den Galopp, gibt es Strafpunkte.

Sie lassen Ihr Pferd weiter rennen bis zum anderen Ende der Bahn, wo Sie wieder einen Sliding Stop mit anschließendem Rollback ausführen, diesmal nach rechts, es weitergaloppieren lassen bis über die Bahnmitte hinaus und es da zum dritten Mal stoppen. Nach soviel Rennen und drei Stops aus vollem Galopp ist Ihr Pferd nun ziemlich unter Hochspannung. Jetzt müssen Sie ein Back up bis zum Zentrum der Bahn machen; das muß aber weich und geschmeidig, taktrein und gerade geschehen, das Pferd darf nicht mit dem Kopf schlagen, das Maul aufsperren oder mit dem Schweif schlagen. Wenn Sie schnell galoppiert sind und einen langen Stop hingelegt haben, werden Sie einige Meter rückwärtsrichten müssen, um zum Bahnmittelpunkt zu gelangen!

Dazu kommt, daß das Back up gern flotter ausgeführt werden darf (nicht muß), als z. B. in einer Pleasure- oder Western Riding-Prüfung. Es gibt Reining-Pferde, die im Trabtempo rückwärts gehen!

Der Spin ist eine rasante Drehung des Pferdes um 360 Grad, die auf der Hinterhand und oft mehrere Male hintereinander ausgeführt wird.
Das Foto zeigt den erfolgreichsten Reining-Reiter der Welt, Bill Horn, beim Training.

Jetzt kommt ein Hesitate. Nach diesen für das Pferd erregenden Übungsteilen soll es nunmehr ruhig dastehen und sich entspannen.
Dann folgen vier Spins rechtsherum. Spins sind Drehungen auf der Hinterhand, bei denen das Pferd mit den Vorderbeinen einen Kreis läuft und mit der Hinterhand stationär bleibt. Gut ausgeführt, kreuzt das äußere Vorderbein dabei vor dem inneren her.
Wenn Sie nicht aufpassen, macht Ihr Pferd, das immer noch ziemlich „unter Strom steht", einen Satz nach rechts, sobald Sie eine Hilfe geben, um den Spin einzuleiten, und springt aus dem Spin hinaus. Dann können Sie einer guten Bewertung für dieses Manöver schon den Abschiedskuß geben.
Bei vorbildlich ausgeführten Spins bleibt das Pferd flach, wölbt den Rücken, ist leicht in die Bewegungsrichtung gestellt und dreht sehr schnell auf der Stelle, ohne mit der Hinterhand wegzuwandern. Dazu gehört auch, daß der letzte Spin genau nach 360 Grad punktgenau aufhört! Über- oder Unterdrehen bedeutet Strafpunkte.
Als nächstes sind viereinviertel Spins linksherum an der Reihe, so daß das Pferd am Ende im rechten Winkel zur Bande steht. Dann wieder ein Hesitate. Die Pattern schreibt danach vor, daß drei Rechtszirkel geritten werden müssen, die ersten beiden groß und schnell, der dritte klein und langsam. Schon das Angaloppieren ist wichtig, denn macht das Pferd dabei Trabschritte, gibt es wieder Strafpunkte. Je größer der Tempo- und Größenunterschied zwischen den großen und kleinen Zirkeln, desto höher die Bewertung. Unrunde Zirkel, ungleichmäßiges Tempo, Unstimmigkeiten zwischen Reiter und Pferd, stramme Zügel und selbstverständlich auch falscher Galopp bedingen Abzüge. Es ist sehr schwer, ein Pferd so auszubilden, daß es in vollem Galopp wie auf Schienen auf dem

großen, schnellen Zirkel bleibt und nicht vom Kurs abweichen will, denn will es das, bedingt das eine reiterliche Einwirkung, die eine hohe Bewertung nicht mehr zuläßt.

Das Verlangsamen aus den großen, schnellen Zirkeln, die von guten Reining-Pferden in hohem Tempo gelaufen werden, in den kleinen, langsamen ist ein besonders kritischer Punkt. Es ist begeisternd, wie top Reining-Pferde am durchhängenden Zügel und ohne sichtbare Einwirkung des Reiters aus schnellem Galopp in der Mitte verlangsamen und im langsamen Arbeitsgalopp den kleinen Zirkel gehen! Das nennt man Speed Control.

Nach Beendigung des kleinen Rechtszirkels muß ein fliegender Galoppwechsel vom Rechtsgalopp in den Linksgalopp erfolgen, denn nun müssen dieselben Zirkel auf der anderen Hand geritten werden. Ist der Satz Linkszirkel vollendet, wird ein fliegender Wechsel in den Rechtsgalopp verlangt, dreiviertel eines großen Rechtszirkels mit anschließendem Run down (Galoppgerade) parallel zur langen Seite und dann ein letzter Sliding Stop hinter der Bahnmitte.

Das ist nur ein Beispiel für eine Reining Pattern und ihre Anforderungen. Die großen Zirkel sollen alle dieselbe Größe haben und die kleinen auch. Die Pattern soll symmetrisch geritten werden, und alle Zirkel berühren sich am Mittelpunkt der Bahn. Die fliegenden Galoppwechsel sollen genau im Mittelpunkt der Bahn, da, wo sich die Zirkel berühren, stattfinden. Das Pferd muß die ganze Zeit über gleichmäßig und willig gehen und mit möglichst unsichtbaren Hilfen und durchhängenden Zügeln, die nur bei den Stops einmal anstehen, kontrolliert werden.

Trail

Die Disziplin Trail besteht aus einem Hindernis-Parcours. Die Hindernisse werden aber nicht übersprungen – von Einzelfällen abgesehen –, sondern Pferd und Reiter müssen in der Regel hindurch navigieren.

Durch die am Boden liegenden Stangen muß das Pferd in der Trail-Prüfung rückwärts und seitwärts gehen, ohne eine zu berühren. Vor dem Regenmantel des Reiters darf das Pferd nicht scheuen, denn er muß ihn, auf dem Pferd sitzend, an- und wieder ausziehen.

Auch eine Brücke über einen Wassergraben gehört zu den Hindernissen eines Trail-Parcours.

Trail ist eine der beliebtesten Klassen, die auf Turnieren hohe Teilnehmerzahlen hat, darunter viele Einsteiger. Da hier keine rasanten Manöver verlangt werden, keine fliegenden Galoppwechsel, keine Stops oder Spins, trauen sich offensichtlich viele eher zu, an einer Trail-Prüfung teilzunehmen. Anders als beim Western Pleasure ist beim Trail aber jeder allein im Ring, kann sich nicht „in einer Gruppe verstecken".

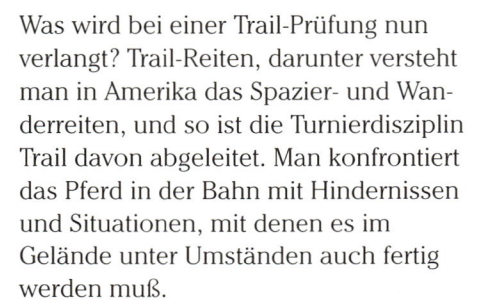

Was wird bei einer Trail-Prüfung nun verlangt? Trail-Reiten, darunter versteht man in Amerika das Spazier- und Wanderreiten, und so ist die Turnierdisziplin Trail davon abgeleitet. Man konfrontiert das Pferd in der Bahn mit Hindernissen und Situationen, mit denen es im Gelände unter Umständen auch fertig werden muß.

Da ist das Durchreiten eines Tors, das vom Sattel aus geöffnet und nach dem Durchreiten wieder geschlossen werden muß. Eine Brücke muß überquert werden, und jeder Trail-Parcours fordert auf die eine oder andere Weise ein Back up, in der Regel durch am Boden liegende Stangen, die meistens in L-Form hingelegt werden. Mindestens drei weitere Hindernisse werden aufgebaut, und alle drei Gangarten – Schritt, Trab und Galopp – müssen an vorgeschriebenen Stellen gezeigt werden.

Typische Hindernisse im Trail-Parcours sind z. B. das Side Passing (Seitwärtstreten), was meistens über einer am Boden liegenden Stange erfolgt. Das Ground Tying, was bedeutet, daß der Reiter absteigt und einen Kreis um das Pferd herum geht, wobei das Pferd unangebunden am Fleck stehenbleiben muß. Walk-over, Trot-over und Lope-over bestehen aus in Abständen am Boden liegenden Stangen, über die das Pferd im Schritt, Trab oder Galopp laufen muß, natürlich ohne diese zu berühren. An einer Stelle mag ein

Regenmantel deponiert sein, den sich der Reiter auf dem Pferd sitzend an- und wieder ausziehen muß – dabei wird demonstriert, daß das Pferd davor nicht scheut. Ein Drag ist eine Übung, bei der Pferd und Reiter ein Objekt am Seil hinter sich her ziehen müssen, ein Wassergraben muß auch häufig durchschritten (nicht übersprungen) werden, wobei das Wasser oft durch eine Plastikplane simuliert wird.

Trail-Hindernisse sind so gestaltet, daß getestet werden kann, wie weit ein Pferd in kniffligen Situationen im Gelände kontrolliert werden kann. Wenn Sie im Gelände umgestürzte Baumstämme überqueren müssen, dann wird eine solche Situation durch die Walk-overs oder Trot-overs simuliert. Ein Lope-over wäre unrealistisch für das Gelände – normalerweise würde man nicht im Galopp über solche Stämme reiten und riskieren, daß das Pferd eventuell durch einen falschen Tritt zu Schaden kommt,

Die Trail-Prüfung, eine der beliebtesten Disziplinen. Zentimetergenau navigiert die Palomino Paint-Stute durch die Hindernisse.

Das Zirkeln gehört zur Working Cowhorse-Prüfung. Reiter und Pferd treiben das Rind so, daß es rechtsherum und linksherum einen Zirkel läuft.

aber dafür sind es natürlich Turnierbedingungen. Auf einem Turnier muß oft etwas besonders erschwert werden, um Sieger und Plazierte zu ermitteln. In einer nicht so starken Trail-Klasse werden Sie kein Lope-over vorfinden. Ein Drag entspricht z. B. dem, daß Sie mit Ihrem Pferd Holz für das Lagerfeuer herbeischleppen, und ein Tor erklärt sich von selbst.

Bei all dem, was das Trail Horse macht, kommt es nicht nur darauf an, daß es ein bestimmtes Hindernis absolviert, sondern wieder auf das Wie. Ein gutes Trail Horse latscht nicht einfach über eine Brücke, ein Walk-over oder durch das Wasser, sondern es guckt sich das Hindernis genau an, nimmt den Kopf etwas tief, spitzt die Ohren, zeigt, daß es aufmerksam ist! Wenn Sie in unübersichtlichem Gelände reiten, auf welchem Pferd fühlen Sie sich sicherer, auf einem, das die Nase in der Luft trägt und einfach losmarschiert, oder auf einem, das sich etwaige Hindernisse genau ansieht, um sie dann mit Bedacht zu überqueren oder sich hindurchzufinden?

Auch das Trail-Pferd soll mit losem oder möglichst durchhängendem Zügel vorgestellt werden, es soll auf leichteste Hilfen reagieren, es muß sich, z. B. in einem Stangen-L zentimetergenau dirigieren lassen.

Working Cowhorse

Diese Disziplin, auch Reined Cow Horse genannt, besteht aus zwei Teilen: Der erste Teil ist praktisch eine Reining und wird auch als „Dry Work" bezeichnet, der zweite Teil ist die „Fence Work". Die erreichten Punktzahlen aus beiden Teilen zusammen ergeben die Plazierung eines Teilnehmers.

In der Fence Work (Zaunarbeit) wird ein einzelnes Rind in die Bahn gelassen, welches Pferd und Reiter arbeiten müssen.

Als erstes müssen sie demonstrieren, daß sie in der Lage sind, dieses Rind an der kurzen Seite der Bahn zu halten. Danach wird das Rind am Zaun gearbeitet, d. h. der Reiter treibt es an der langen Seite der Bahn entlang und wendet es wenigstens einmal in jeder Richtung gegen den Zaun, indem er ihm mit dem Pferd den Weg versperrt. Zum Schluß muß er das Rind noch in die Mitte der Bahn lenken und so treiben, daß es wenigstens einmal in jeder Richtung einen Kreis läuft. Bei diesen Zirkeln laufen Pferd und Rind idealerweise Schulter an Schulter.

Sie glauben ja nicht, wie schnell so ein Rind sein kann und wie widerspenstig! Und welch unerhörte athletische

Volle Kontrolle über das Rind soll in der Working Cowhorse-Disziplin demonstriert werden.

Das Cutting-Pferd hindert das abgesonderte Rind daran, wieder zur Herde zurückzukehren. Mit fantastisch katzenhaften Bewegungen schneidet es dem Rind immer wieder den Weg ab.

Leistung ein Pferd bringen muß, um diesen Anforderungen gerecht zu werden!
Während die Dry Work praktisch wie eine Reining bewertet wird, zählt bei der Fence Work, wie eindeutig Pferd und Reiter das Rind in allen Phasen beherrscht und kontrolliert haben.

Cutting

Auf den großen Ranches in Amerika wird zweimal im Jahr ein Roundup durchgeführt, ein Zusammentrieb des Viehs, und zwar im Frühling und im Herbst. Dann werden die zusammengetriebenen Rinder kontrolliert, aussortiert, entwurmt, geimpft, ggf. verarztet, kastriert und enthornt.
Das Aussortieren, egal, zu welchem

Zweck es durchgeführt wird, nennt man Cutting, und aus diesem Arbeitsvorgang wurde die Turnierdisziplin Cutting entwickelt. Am Cutting Sport hängt ein ganzer Markt, in dem mehr Dollars umgesetzt werden als in irgendeinem anderen Zweig des Reitsports.
Auf dem Turnier sieht es so aus, daß an einer kurzen Seite der Bahn eine Herde Rinder steht. Vor dieser Herde sind ein oder zwei Reiter so lange hin und her geritten, bis die Rinder sich zum einen an den Anblick der Reiter gewöhnt haben und sie zum anderen diesen Ort, an dem sie stehen, als ihre Zuflucht schätzen gelernt haben, weil man sie dort nämlich in Ruhe gelassen hat. Das ganze nennt man „Settling".
Rechts und links von dieser Herde hält sich während der Prüfung je ein Reiter auf, die „Corner Men"; sie verhindern, daß die Herde auseinanderläuft. Der

Das Cutting ist eine enorm populäre Sportart und schüttet Unsummen an Gewinngeldern aus. Hier ein Quarter Horse-Hengst in Action.

„Cutter", also der, dessen Ritt nun bewertet werden soll, geht mit seinem Pferd im Schritt in diese Herde und treibt ruhig, ohne die Herde zu beunruhigen, eine Anzahl Rinder aus dem Herdenverband in Richtung Bahnmitte. Dort stehen zwei weitere Reiter, die „Turnback Men". Die Rinder möchten gern zum Herdenverband zurück, deshalb laufen sie links oder rechts am Cutter vorbei zurück zur Herde.

Der Cutter hat die ganze Zeit über die Rinder beobachtet und entscheidet sich für eins der letzten, die noch nicht zur Herde zurückgelaufen sind, und versucht nun, dieses davon abzuhalten, auch zur Herde zurückzukehren. Dieses letzte Rind ist sein „Cut", das Rind, das er ausgesondert hat. Die eigentliche Arbeit des Cutting-Pferdes fängt nun an. Bis dahin hat der Reiter es geführt, nun muß es völlig selbständig, bei durchhängenden Zügeln und ohne Lenkung durch den Reiter, dieses Rind daran hindern, zur Herde zurückzugelangen. Jedes auch nur geringfügige Annehmen der Zügel würde mit einem Strafpunkt geahndet!

Das Rind versucht ein paarmal, rechts oder links am Pferd vorbeizukommen, aber wie es seine Haken auch schlägt, das Pferd ist immer schon da und verstellt ihm den Weg. Schließlich wird es ihm zu dumm, es gibt den Gedanken an die Herde auf, dreht sich herum und versucht einmal, in die andere Richtung von dieser „Furie" von einem Pferd wegzukommen. Aber da sind die Turnback Men, sie versperren ihm den Weg und treiben es wieder auf den Cutter zu. So geht das eine Weile, bis der Cutter die Arbeit an diesem Rind einstellt und sich ein neues cuttet.

Insgesamt hat er zweieinhalb Minuten Zeit, um zu zeigen, wie gut sein Pferd ist. Gelingt es einem Rind, am Cutter vorbei zur Herde zu laufen, gibt das die Höchstzahl an Strafpunkten. Wird das Pferd durch das Rind so weit ausmanövriert, daß es sich nicht mehr genau zwischen dem Rind und der Herde befindet, daß es also in eine ungünstige Position gekommen ist, bedingt das ebenfalls Strafpunkte, auch wenn das Rind nicht entkommt. Darüber hinaus wird auch die Manier eines Pferdes bewertet.

Western Horses werden in einer Reihe weiterer Disziplinen wettkampfmäßig geritten, die zu beschreiben den Rahmen dieses Buches sprengen würde. Dazu gehören die verschiedenen Roping-Klassen (Fangen mit dem Wurfseil), wie Calf Roping, Heading, Heeling, Single Steer Roping, Steer Stopping, die Fahrklassen, wie Pleasure Driving, Utility Driving, Chariot Racing, das Team Penning und auch sogenannte „English"-Klassen, wie die Hunter-Klassen (Springen).

Roping, das Fangen mit dem Wurfseil. Beim Team Roping, wie hier, fängt ein Cowboy den Kopf bzw. die Hörner und der andere fängt die Hinterbeine ein.

NÜTZLICHE ADRESSEN

Die Erste Westernreiter Union Deutschland (EWU) ist die größte Organisation für Westernreiter in Deutschland bzw. Europa.
EWU
Wallenbrücker Straße 24
49328 Melle

Die National Reining Horse Association (NRHA) ist ein Westernreitverband, der sich speziell um die Förderung des Reining Sports bemüht. Höhepunkte der Turniersaison sind die Futurity, auf der drei- bis vierjährige Reining-Pferde um hohe Geldpreise kämpfen und sogenannte Bronze Trophy Reinings.
NRHA-Geschäftsstelle
Ziegelhütte 3
69437 Neckargerach

Der älteste Western-Verband ist die Deutsche Quarter Horse Association DQHA, der z. B. den European Quarter Horse Cup ausrichtet, aber auch Hengstkörungen und Leistungsprüfungen.
DQHA-Geschäftsstelle
Landstraße 7
63939 Wörth

Paint Horse Club Germany (PHCG)
Vorm Baum 12
42477 Radevormwald

Appalossa Horse Club Germany (ApHCG)
Ortstraße 19
89356 Hafenhofen

Für alle Westernfans in Österreich heißt die Anlaufstelle:
WRA-Geschäftsstelle und weitere Verbände
Sulz 154
A-2392 Wienerwald